AF349523

LE
TRESOR DU MENAGE

OU

CHOIX DE NOUVELLES DÉCOUVERTES, SECRETS ET RECETTES

Utiles à tout le Monde,

Recueilli

Par M. George de Fumel,

PROFESSEUR DE CHIMIE.

Cet ouvrage contient les recettes les plus utiles dans les ménages, et procure une immense économie. C'est d'ailleurs un agrément, vu que les procédés indiqués sont très-simples et a la portée de toutes les intelligences.

SE VEND A PARIS, CHEZ LES PRINCIPAUX LIBRAIRES.

1837.

Liqueur de Vespétro, approuvée des médecins du Roi et de la Faculté de médecine.

(Véritable Recette.)

Prenez une bouteille de gros verre qui tienne un peu plus d'un litre de bonne eau-de-vie; ajoutez-y les graines qui suivent, après que vous les aurez

concassées grossièrement daus un mortier, savoir :
deux gros de graines d'angélique, une once de graines
de coriandre, une bonne pincée de fenouil, autant d'a-
nis ; ajoutez-y le jus de deux citrons avec les zestes des
écorces, une livre de sucre : laissez infuser le tout
dans la bouteille pendant 4 ou 5 jours ; ayez soin de
remuer de temps en temps la bouteille pour faire
fondre le sucre ; ensuite vous passez la liqueur, pour
la rendre plus claire, à travers du linge de coton ou
à travers du papier gris, et vous la garderez dans des
bouteilles que vous aurez soin de bien boucher.

Propriété de cette liqueur.

On ne saurait assez en faire l'éloge : son usage est
généralement adopté ; elle est bonne pour douleurs
d'estomacs, indigestions, vomissemens, coliques,
obstructions, points de côtés et de mamelles, maux
de reins, difficulté d'uriner, gravelles, oppressions
de rate, dégoûts, tournoiemens de cerveau, rhu-
matismes, courte haleine ; fait mourir les vers des
petits eufans, en leur en faisant prendre une cuillerée pendant 4 ou 5 matinées ; préserve du mauvais
air, en en prenant une cuillerée avant de sortir ; pour
les maux de tête, on s'en frotte les tempes, on en
respire par le nez quelques gouttes ; elle donne des
forces aux femmes en travail d'enfant, coupe les tran-
chées après les couches ; elle sert pour coupures, en
enveloppant le mal d'une compresse imbibée de liqueur ; en un mot, elle a satisfait tous ceux qui en
ont usé ; dans le besoin on s'en frotte pour faire passer les douleurs.

Moutarde de santé.

Prenez 46 livres de bon vinaigre, 2 onces de clous
de gérofle, 2 onces de cannelle, une once d'essence
de citron, 4 gros de cayenne des Indes, une livre
d'herbe d'estragon, 4 onces d'herbe de thym ; infusez
le tout pendant huit jours. Ajoutez ensuite une
livre de ciboule pilée ; pressez le tout à la presse, et

......: ensuite on y mélange 36 liv. .   .ar..e de
moutarde . 4 livres de fécule de pomme de terre ,
4 livres de sucre ; mélangez bien le tout.

Procédé de la Moutarde ordinaire.

Quatre livres de graines de moutarde de première
qualité, quatre litres de bon vinaigre blanc : on fait
infuser la graine dans le vinaigre pendant huit jours .
en agitant le mélange deux fois par jour , et ajoutant
du vinaigre, de manière que les graines soient toujours humectées ; ensuite on broie au moulin, et l'on
délaie avec le vinaigre en une bouillie claire : on met
dans des pots.

Pour faire de très bon Vinaigre avec de l'eau

Prenez 4 onces de farine de moutarde , 4 onces de
poivre long, une livre d'acide tartarique, 2 livres de
mélasse, 10 livres de farine ordinaire ; faites du tout
une pâte comme pour faire du pain ; laissez cette
pâte bien pliée dans un linge, dans un lieu un peu
chaud , pendant 48 heures ; ensuite on fait cuire
cette pâte au four comme un pain ; on la coupe après
en petits morceaux et on la met dans un petit tonneau
contenant 125 bouteilles d'eau , à 25 degrés de cha-
leur et sur du marc de vinaigre ; on y ajoute 5 litres
d'esprit de vin. Le local où la préparation est faite
doit être chauffé à 25 degrés.

Eau-de-Cologne véritable, recette de Jean-Marie Farina.

Prenez 2 litres d'esprit de vin à 33 degrés, 2 onces
d'essence de bergamotte, une once d'essence de
citron , 2 gros d'essence de néroli, 4 gros d'essence
de gérofle, 3 gros d'essence de lavande, 2 gros d'essence de romarin ; le tout bien mélangé et passé au
filtre.

Véritable Elixir de longue-vie.

Prenez un litre d'esprit de vin à 33 degrés, 2 litres d'eau-de-vie à 22 degrés, 2 onces d'aloès succotrin, 2 gros de zéodoria, 2 gros de gentiane, 4 gros de rhubarbe, 2 gros d'agaric blanc, une once de thériaque de Venise, 4 gros de safran ; le tout ensemble infusé pendant huit jours : passez ensuite au filtre.

Limonade gazeuse en paquet.

Prenez une once de sucre, un gros de bi-carbonate de soude, ces deux substances bien pilées ensemble et conservées dans du papier. Quand on veut faire la limonade, on a, dans un autre papier, un gros d'acide tartarique en poudre ; on mêle le tout ensemble, et on le verse dans un grand verre d'eau.

Bière de gingembre anglaise.

Prenez 10 livres d'eau, 15 onces de sucre, le jus et la râpure de deux citrons, 12 gros de gingembre pilé, une once de levure de bière ; on laisse fermenter le tout pendant 48 heures ; on filtre ensuite et on met en bouteilles.

Recette pour faire un bon Bouillon gras en moins d'une heure.

Prenez un quart de livre de rouelle de veau, coupez-là en petits morceaux comme des dés à jouer, mettez cette viande dans une cafetière d'une pinte d'eau, avec une cuillerée de riz ; après que l'eau est réduite à chopine, retirez la cafetière, pressez le veau et le riz ; passez le tout et laissez reposer le bouillon : il est excellent et très économique pour les malades.

Moyen pour conserver les œufs frais.

Trempez des œufs très frais dans de l'huile d'olive ; placez vos œufs droits dans une caisse : ils se conserveront très long-temps sans se corrompre.

Précautions à prendre pour conserver le Lait.

Quand vous avez tenu le lait dans des vases bien propres, que vous l'avez fait convenablement bouil·lir, cela ne suffit pas encore ; si vous le placez dans un endroit fermé, il tournera ou acquerra un mau·lais goût ; si vous le mettez à l'air, la partie butireuse acquiert une saveur de suif. Il faut donc le couvrir. mais non avec des couvercles solides, en faïence, en terre ou en bois ; un linge bien fixé autour du pot au lait préviendra cet inconvénient.

Manière de conserver les Asperges pendant un an ou deux.

Faites-les blanchir ; ensuite jetez-les dans l'eau fraîche ; mettez-les égoutter et refroidir ; placez-les dans un bocal les pieds en bas et d'égale longueur ; mettez dans le bocal une saumure faite de quatre onces de sel par litre, et couvrez le tout avec une once et demie d'huile d'olive.

Moyen de conserver les Viandes par l'acide pyroligneux.

Pour conserver le poisson il faut l'ouvrir, le nettoyer et le tremper pendant un instant dans l'acide pyroligneux de 1,012, et le faire sécher à l'ombre ; trempez les viandes de boucherie, les volailles et gibier (la volaille préalablement ouverte, vidée et fendue jusqu'au bec, que l'on jette) une minute dans l'acide ; enveloppez ces viandes dans du papier gris, et suspendez-les dans un lieu sec : elles se conserveront plusieurs mois.

Autre procédé :

Prenez des viandes de quelque espèce que ce soit, exposez-les pendant un jour au courant d'air sec ; après ce temps, couvrez-les de sel séché au feu ; puis suspendez-les un jour, au bout duquel on les essuie avec soin, et on les plonge un instant dans l'acide ; elles sont, de nouveau, suspendues, et le lendemain on les plonge encore dans l'acide. Avant d'employer ces viandes ainsi préparées, on peut les placer dans un linge mouillé durant une heure; puis on les laisse tremper dans l'eau pendant quelques instans; cette manière de conserver la viande est très commode.

Potion pour les vers, et guérir les coliques des enfans.

Prenez une cuillerée d'huile d'olive, demi-once de sucre, et le jus de la moitié d'un citron ; mêlez bien le tout ensemble : faites prendre ce remède pendant trois jours, le matin avant de manger, vous en connaîtrez bientôt les bons effets.

Pâte minérale pour faire couper les rasoirs, canifs, forces et autres instrumens tranchans.

Potée d'étain, 1|2 once ; rouge à l'acier, 1|2 once ; paille de fer, 2 gros ; pierre du Levant destinée pour la gravure, broyée, lavée, 1|2 gros ; pierre du Levant à rasoir, dite adoucie, une once et 2 gros ; le tout doit être délayé à l'état de poudre impalpable, dans 1|2 once 2 gros de graisse de bœuf, et mélangé à chaud pour faire une pâte homogène.

Pour fabriquer le Lait virginal pour la toilette.

(Véritable Recette.)

Ce lait a la propriété de conserver, de blanchir, d'adoucir et de rafraîchir la peau, de lui donner la teinte d'un blanc rosat très fin, et d'en faire disparaître les boutons et les taches.

Mettez dissoudre, dans 2 onces d'esprit de vin à 33 degrés, demi-once de benjoin ; versez ensuite cette dissolution dans un demi-setier d'eau de rose, et agitez fortement la bouteille.

Procédé pour nettoyer les Cadres dorés.

Prenez blanc d'œuf, 3 onces ; eau de javelle une once ; battez le tout ensemble, et nettoyez les cadres avec une brosse douce trempée dans ce mélange. La dorure reprend immédiatement sa vivacité. Cette opération peut se répéter plusieurs fois avec succès sur la même dorure, chose difficile à obtenir par l'ancien procédé. Lorsque le cadre a été remis à neuf, il faut lui donner une nouvelle couche du vernis dont se servent les doreurs sur bois, composé de 3 onces de mastic choisi, et dissous dans 8 onces d'essence de térébenthine.

Opiat Anglais pour les Dents.

Prenez une once de pierre-ponce bien pilée et tamisée, une once de terre sigillée, 6 gros de corail rouge préparé, 4 gros de sang de dragon, 2 gros d'acide tartarique, un gros de poudre de rose, 4 gros de clous de gérofle, 4 gros de canelle; le tout bien pilé ensemble et passé au tamis fin.

Pommade pour le Teint et les Gerçures de la Peau.

Faites fondre ensemble et au bain-marie un gros et demi de cire vierge, 2 gros de blanc de baleine, une 1/2 once d'huile d'amande douce, une 1/2 once d'huile d'olive, autant d'huile de pavot, une once d'eau-de-rose; battez ensuite ce mélange et ajoutez-y quelques gouttes de baume du Pérou liquide. Cette pommade a une odeur agréable, et est préférable aux autres cosmétiques de ce genre que l'on vend dans le commerce.

Beau Cirage pour la Chaussure.

Ce cirage est plus beau que quelque cirage anglais que ce soit. Procurez-vous 6 livres de noir d'ivoire véritable, en poudre fine, 4 livres de sucre candi, 3 onces gomme en poudre du Sénégal, une once et 1/2 acide sulfurique, 12 onces d'huile d'olive, et 3 litres d'eau de fontaine, chaude; faites fondre le sucre et la gomme dans vos 3 litres d'eau chaude, passez par un linge fin. Ajoutez le noir au fur et à mesure qu'il sera trempé, ensuite l'huile, et après très doucement l'acide; remuez avec une spatule en verre

dès le commencement et jusqu'à ce que la pâte soit refroidie ; il faut qu'un article soit bien mélangé avant d'en ajouter un autre ; on passe la solution de gomme et de sucre pour la priver des impuretés qu'elle peut contenir. On doit la passer dans l'eau destinée à l'opération ; cela fait et la pâte étant refroidie , on la passe sous la molette comme de la couleur. Cette dernière opération donne une onctuosité très-utile pour bien étendre ce cirage et pour le rendre homogène. La dose qui précède doit donner 18 livres environ de cirage en pâte serrée. On peut y ajouter une once d'essence de lavande ou de citron, pour changer l'odeur, et une once d'indigo en poudre, pour donner plus d'éclat au noir ; on mettrait l'indigo avec le noir, et l'essence après le mélange fait. On peut le laisser sécher et l'employer avec un peu de bière, de vinaigre ou d'eau.

Remède contre les Toux opiniâtres et contre les ardeurs ou épuisemens de poitrine.

Après avoir fait moudre un décalitre d'orge, on renferme et l'on noue dans un sachet la farine tamisée qui en provient. On suspend par un bâton transversalement posé sur les rebords supérieurs, le sachet dans une marmite ou autre vase profond rempli d'eau, en sorte qu'il ne communique, ni avec le fond, ni avec les parois du vase.

La farine ainsi placée, l'eau doit bouillir pendant 18 heures sans discontinuer ; et celle qui se consomme par l'évaporation doit être soigneusement remplacée au fur et à mesure par d'autre eau bouillante qu'on a soin de tenir toujours prête à cet effet, afin que le sachet soit toujours plongé dans l'eau jusque près du nouet. Au bout de 18 heures, on retire le sachet et on le laisse égoutter pendant quelques heures ; on achève de faire sécher dans un four presque froid, pendant 12 heures ; puis on retire du sachet la farine qui forme une espèce de gâteau assez dur ; on en enlève soigneusement la croûte et l'on broie tout l'intérieur pour le réduire de nouveau en farine. On forme , chaque fois, d'une partie de cette farine, une bouillie avec du lait ou du bouillon sans sucre , environ une assiette ordinaire; le malade prend cette dose chaque jour, ou le matin 2 heures avant de se lever, ou le soir en se couchant ; lorsque le travail de la digestion est achevé, s'il éprouve quelque pesanteur d'estomac immédiatement après, il peut boire un demi-verre d'eau. Si le matin, une légère moiteur s'annonce, il attend qu'elle soit dissipée pour sortir du lit. Il est rare que le décalitre soit achevé avant que le malade soit guéri.

Liqueur de Mexico.

Citron, n. 8; cédrat, n. 2; vanille, 1/2 once; faites macérer les zestes de ces fruits, ainsi que la vanille, dans 7 litres d'eau-de-vie ; mêlez-y les sucs des fruits exprimés, ainsi que 6 livres de sucre ; filtrez après 8 jours.

Liqueur de Brou de Noix,

, On prend le brou provenant de 100 noix vertes, on le pile dans un mortier de marbre; on le met en contact avec 15 litres d'alcool faible à 22 degrés; on ajoute un gros de clous de gérofle et un gros de noix muscade; on laisse en macération pendant 2 mois ; on filtre, on fait fondre dans la macération 4 livres de sucre, on passe à travers un blanchet, on met en bouteilles.

Cette liqueur est toni-stomachique ; elle est excellente pour les écoulemens de leuchorée chronique (fleurs blanches).

Procédé pour conserver les fruits, raisins, poires, et melons.

Prenez un tonneau neuf, garnissez-le au fond et sur les côtés avec du son de froment séché au four, ensuite mettez un lit de fruit, un lit de son, jusqu'à ce que le tonneau soit plein. Au bout de 8 mois vous trouverez vos fruits aussi frais que si vous veniez de les cueillir. Mais il faut avoir soin de fermer exactement le tonneau , pour que l'air ne puisse y pénétrer.

Préparation d'un Sirop pour remplacer le sucre et faire des confitures.

Prenez du jus de poires, pommes ou moût de raisin; faites bouillir ce jus dans une chaudière jusqu'aux deux tiers pour qu'il ait une bonne consistance ; clarifiez-le avec blancs d'œufs, passez-le par la flanelle pour le conserver dans des bouteilles. Si vous voulez faire des confitures de ménage économiques, faites un choix des fruits que vous voulez confire ; faites-les cuire dans l'eau jusqu'à ce qu'ils soient un peu amollis, vous les pèlerez ensuite et vous les mettrez dans ce sirop, et les laisserez bouillir, en ayant soin de toujours bien écumer jusqu'à parfaite cuisson : ce que l'on reconnaît quand, en en versant une goutte sur une assiette, elle reste figée et ne coule point; mettez votre confiture dans des pots, couvrez-la avec un papier pour la conserver.

Moyen d'aller dans l'eau, et de traverser une rivière sans savoir nager.

C'est un très joli divertissement que vous pouvez vous donner sans courir aucun danger, et par ce moyen vous pouvez apprendre à nager parfaitement; pour cela, ayez 2 toiles de pareille grandeur, faites-en un gilet qui se boutonne ou s'attache par derrière; entre ces deux toiles, fixez-y 8 vessies, 4 à droite, 4 àgauche, que vous gonflerez aux 3/4; cousez-les bien tout le tour, entre les toiles; il faut laisser entre les deux rangées, vers le milieu, 4 pouces environ de largeur pour que l'estomac puisse s'y loger commodément. Il faut observer de laisser sortir des toiles sur leur bord, les cols de vessie pour pouvoir les gonfler commodément et les lier avec une ficelle; muni de cet appareil nouveau, allez hardiment dans l'eau, vous ne courrez aucun risque de vous noyer.

Secret pour prendre les Oiseaux à la main.

Prenez du grain que les oiseaux aiment, mettez-le tremper dans de la lie de vin ou dans une décoction d'ellébore blanc, avec du fiel de bœuf. On prend, à cet appât, des perdrix et même des oies sauvages.

Recette pour faire venir beaucoup de poissons où l'on veut pêcher.

Prenez un quart de fromage de gruyère, broyez-le dans un mortier avec de l'huile d'olive, mêlez-y du vin peu à peu jusqu'à ce que votre composition soit en pâte épaisse; joignez-y pour un sou d'eau de rose; faites avec cette pâte, de petites boulettes comme des pois, que vous jetterez dans l'endroit où vous voulez pêcher. Il faut observer de jeter les boulettes le matin pour pêcher le soir, et le soir pour le matin.

Remède propice contre les Panaris.

Mêlez une cuillerée de cendres de sarment de vigne, dans la valeur d'un verre moyen d'eau chaude de rivière; baignez-y le doigt, et répétez jusqu'à guérison. Ce moyen a été souvent employé avec succès, et se recommande naturellement par sa simplicité.

Autre.

Lorsque le doigt est attaqué d'un panaris, il suffit de le plonger dans un œuf très frais, et de l'y laisser quelques momens : l'œuf durcit comme s'il était exposé au feu; on en retire le doigt, et l'inflammation ainsi que la douleur ont entièrement disparu.

Onguent pour les brûlures.

Faites fondre dans un poëlon neuf de terre cuite, en remuant continuellement, suif de chandelle, 4 onces; huile d'olive fine, 2 onces; eau-de-vie de Cognac, 2 cuillerées; eau de fontaine, 2 cuillerées; étendez sur du papier brouillard; appliquez sur la brûlure et changez 2 ou 3 fois par jour.

Autre moyen plus simple.

Mettez sur la brûlure un petit linge imbibé d'éther, cela seul sufit pour une parfaite guérison. On a soin de renouveler.

Baromètre chimique.

Prenez un gros de salpêtre, 3 gros de camphre, 1 gros de sel ammoniac, 4 onces d'esprit à 36 degrés; mettez le tout dans un flacon ouvert. Quand le temps est beau, la composition est limpide, et quand le temps veut changer, la composition devient trouble.

Procédé chimique pour se réveiller à l'heure que l'on désire.

Prenez 2 litres de vinaigre, 8 onces de sel de saturne, plongez dedans une corde de la grosseur du petit doigt; faites bouillir un quart d'heure et ensuite sécher la corde. On place une sonnette avec un ressort attaché avec une ficelle bien tendue, au-dessous l'on place une bougie et l'on attache la corde préparée dans une longueur d'autant de pouces que l'on veut qu'elle dure d'heures : l'extrémité de la corde préparée doit aboutir sur la mèche de la bougie; on met sur cette mèche un peu de soufre. Quand la corde préparée est consumée, le soufre prend feu, la bougie allume la petite ficelle qui tient le ressort, laquelle, en se rompant, fait retentir la sonnette qui réveille. Avant de se coucher, on met le feu à l'extrémité opposée de la corde préparée qui sert de mèche.

Imprimerie de Madame DE LACOMBE, faub. Poissonnière, 1.

www.ingramcontent.com/pod-product-compliance
Lightning Source LLC
La Vergne TN
LVHW010919180726
843502LV00010B/4201